📖 주제

· 행복   · 만족감   · 불행   · 기쁨

📖 활용 학년 및 교과 연계

초등과정	2-1 국어	6. 고운 말을 해요
	3학년 도덕	3. 사랑이 가득한 우리 집
	4-2 사회	3. 사회 변화와 문화의 다양성
		4. 가족의 형태와 역할 변화
	5학년 도덕	3. 긍정적인 생활

초등 첫 인문철학왕
돈으로 행복을 살 수 있을까?

초판 1쇄 발행 2023년 3월 30일

글쓴이 김진 | **그린이** 임혜경 | **해설** 지혜인
기획편집 이정희 | **편집** 최정미 박주원
디자인 문지현 김수인 | **생각 실험 디자인** 이유리

펴낸이 이경민 | **펴낸곳** ㈜동아엠앤비
출판등록 2014년 3월 28일(제25100-2014-000025호)
주소 (03972) 서울특별시 마포구 월드컵북로22길 21, 2층
전화 (편집) 02-392-6901 (마케팅) 02-392-6900 | **팩스** 02-392-6902
홈페이지 www.moongchibooks.com | **전자우편** damnb0401@naver.com | SNS
ISBN 979-11-6363-592-5(74100)

※ 잘못된 책은 구입한 곳에서 바꿔 드립니다.
※ 이 책에 실린 사진은 셔터스톡, 위키피디아, 게티이미지뱅크(코리아)에서 제공받았습니다. 그 밖의 제공처는 별도 표기했습니다.

도서출판 뭉치는 ㈜동아엠앤비의 어린이 출판 브랜드로, 아이들의 지식을 단단하게 만들어 주고,
아이들의 창의력과 사고력을 키워 주어 우리 자녀들이 융합형 사고뭉치와 창의뭉치로
성장할 수 있도록 좋은 책을 만들겠습니다.

추천사

'질문'의 힘! '생각'의 힘!
'미래 인재'로 가는 힘!

어린이와 학부모님들께 《초등 첫 인문철학왕》을 추천할 수 있어서 매우 기쁩니다. 어린이들이 이 시리즈를 통해 '나'에 대해, 나와 공동체 사이의 소통에 대해, 세상의 이치와 진리에 대해 마음껏 질문하고 생각하기를 바라기 때문입니다. 그렇게 되면 창의적으로 문제를 해결하는 힘 또한 커질 수 있다고 믿기 때문이지요.

'제4차 산업혁명의 시대'라는 말처럼 우리는 모든 것이 혁신적으로 변화하는 시대에 살고 있습니다. 스마트폰, 인공 지능, 첨단 로봇 등 새로운 기술과 지식이 나오는 속도도 이전과 비교할 수 없을 정도로 빨라졌지요. 세상에 넘쳐나는 지식과 정보는 이제 누구나 쉽게 구할 수 있고, 개인의 두뇌에 담아낼 수 있는 용량을 넘어선 지 오래입니다. 결국 이 시대의 아이들에게 필요한 것은 지식보다는 그 지식을 다루는 지혜와 창의성 아닐까요?

7차 교육과정 개정 이후 학교 교육도 이러한 시대 흐름에 맞추어 미래 사회가 요구하는 인문학적 상상력과 과학기술 창조력을 두루 갖춘 창의융합형 인재를 양성하는 것을 목표로 합니다.

'철학'은 '지혜를 사랑하는'이란 뜻을 가진 말입니다. 이 학문은 여러분처럼 모든 것에 호기심 많았던 철학자들로부터 시작됩니다. 아주 오래전부터 인간, 사회, 자연, 우주, 진리 등 다양한 분야에서 다른 사람들보다 더 깊이, 더 많이, 그리고 아주 끈질기게 했던 수많은 질문과 탐구를 하며 만들어졌습니다.

마치 높은 곳에 올라가면 마을 전체를 내려다볼 수 있는 넓은 시야를 얻게 되듯이, 철학을 한다는 것은 하나의 문제를 더 큰 눈으로 볼 수 있게 되는 것이랍니다. 그러면 어떤 점이 좋을까요? 더 넓게 보는 눈, 더 깊이 있게 보는 눈, 다른 사람들이 생각하지 못한 부분들을 상상하고 찾아낼 수 있는 눈이 생깁니다. 또 우리 앞의 문제들을 자신만의 창의적인 방법으로 해결할 수도 있고, 그 문제를 해결하다가 다른 더 큰 문제를 발견하여 미리 처리할 수도 있습니다.

《초등 첫 인문철학왕》은 바로 그러한 생각의 눈을 아주 활짝 열어 줄 것입니다. 주제와 관련된 재미있는 동화, 이와 연결된 깊이 있는 인문 해설과 철학 특강, 창의·탐구 활동 등으로 구성된 시리즈는 아이들이 세상에 넘쳐 나는 지식을 지혜롭게 다루는 힘을 길러서, 문제해결력을 갖춘 창의적 인재로 성장할 수 있게 해 줄 것입니다.

그러니 이 책을 읽으며 여러 분야에서 떠오르는 호기심과 질문들을 혼자만 가지고 있지 말고 친구, 가족과도 나누어 보시길 바랍니다. 모두가 질문하고 생각하는 힘이 생긴다면, 어려운 문제들을 함께 해결해 나가는 공동체를 만들 수 있겠지요?

이 책을 읽는 여러분들 모두, 그런 멋진 공동체를 하나둘 만들어 나가는 지혜로운 미래 인재가 되기를 기대합니다.

이지애 드림
(이화여대 철학과 부교수, 한국 철학교육 학회 회장)

초등 첫 인문철학왕
이렇게 활용하세요!

생각 실험

생각 실험은 어떤 사실을 알기 위해 여러 가지 실험과 사례를 연구하는 것이에요. 철학이나 자연 과학 분야 등에서 널리 사용되는 방법이에요. 권마다 주제에 관련된 실험, 유명한 인물의 사례 등을 읽으며 상상력과 문제 해결력을 키워 보세요.

만화 & 동화

인문 철학 주제별로 아이들의 생활 세계 속 이야기, 패러디 동화 등이 다양하게 펼쳐져요. 처음과 중간은 만화, 본문은 그림 동화로 되어 있어서, 재미난 이야기에 푹 빠질 수 있어요.

인문철학왕되기

오랫동안 어린이들과 함께 철학 수업을 연구하고 진행해 온 한국 철학교육연구원 소속 교수와 연구진들이 집필했어요.

소쌤의 **철학 특강, 인문 특강, 창의 특강**으로 구성되었어요. 주제와 이야기 안에 숨겨진 철학적 문제들에 대해 함께 답을 찾아갈 수 있도록 깊이 있는 토론과 특강, 그리고 재미있는 활동으로 구성되었어요.

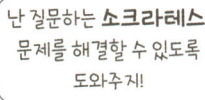
난 질문하는 **소크라테스**! 문제를 해결할 수 있도록 도와주지!

난 **뭉치**. 같이 생각하고 토론하지!

난 늘 창의적인 **새롬**이!

난 생각이 깊은 **지혜**!

교과 연계

각 권마다 최신 개정 교과서 단원과 연계되어 교과 학습에 도움이 되도록 구성되었어요. 권별로 확인하세요.

이 책의 차례

추천사 ········· 4
구성과 활용 ········· 6

생각 실험 복권에 당첨되면 행복할까? ········· 10

만화 핸드폰이 있으면 행복할까? ········· 20

금방 행복했다가 금방 불행해지고 ········· 22
- **인문철학왕되기1** 왜 우리는 항상 만족감을 느끼지 못하는 걸까?
- **소쌤의 인문 특강** 우리는 언제나 쾌락을 추구해야 할까?

우리 집도 부자라면 얼마나 행복할까? ········· 40
- **인문철학왕되기2** 돈으로 행복을 살 수 있을까?
- **소쌤의 철학 특강** 아리스토텔레스가 말하는 행복

| 만화 | 돈이 많으면 행복할까? ······ 64

행복에도 연습이 필요해 ······ 70
- 인문철학왕되기3 도대체 행복이란 무엇일까?
- 소쌤의 창의 특강 어떻게 살아가야 내가 행복할지 알 수 있을까?

가온이에게 찾아온 행복 ······ 90
- 인문철학왕되기4 만일 나라면?
- 창의활동 '나'는 어떤 표정을 짓고 있을까?

생각실험: 복권에 당첨되면 행복할까?

2003년 영국에 사는 16살 소녀가 **32억 원짜리 복권에 당첨됐어요**. 소녀는 먼저 큰 집을 샀고, 가족과 친구들에게 선물을 사 주었습니다. 그리고 매주 주말마다 파티를 열었답니다. 그렇게 소녀는 2~3년 동안 정말 즐겁게 지냈어요.

그런데 언제부턴가 **주변 사람들이 돈을 빌려 가서 갚지 않았어요.** 소녀는 평소에 친구들에게 선물도 많이 했고, 친하게 지냈으니까 그 사람들이 언젠가 돈을 갚을 거라고 믿었어요. **하지만 돈을 빌려 간 사람들은 끝까지 돈을 갚지 않았어요.** 게다가 소녀는 어린 시절부터 만났던 남자 친구와도 헤어졌답니다.

와~ 32억 원짜리 복권에 당첨됐다고? 진짜 부럽다~

'돈이 많은데 난 왜 전보다 더 불행한 거지?'
주변 친구들이 하나둘씩 사라지자,
소녀는 자신감을 잃기 시작했어요.
어떻게 해야 기분이 나아질지 고민하다가 성형 수술을 하고,
술을 마시고, 급기야 마약에까지 손을 댔답니다.

시간이 흘러 31살이 된 그 소녀는 어떻게 살고 있었을까요? 영국의 한 방송국에서 31살이 된 소녀를 초대해서 인터뷰했답니다. 당시 소녀는 복권에 당첨되어 받은 돈을 이미 다 써 버린 상태였어요. 자동차, 집 등 재산도 모두 잃은 상태였죠.

그녀는 아르바이트로 돈을 벌면서 힘들게 살고 있었어요. **하지만 자신에게 진정으로 필요한 것이 무엇인지 알게 되었답니다.** 지금은 결혼해서 아이들을 키우며, 간호사가 되려고 열심히 공부하고 있다고 해요.

그녀는 인터뷰에서 이렇게 말했답니다.
"지금의 생활은 과거에 비하면 거지나 다름없지만, **저는 진정으로 행복합니다. 돈이 많다고 해서 늘 행복한 것이 아님을 깨달았어요.**"

간호사가 되어 진정한 행복을 찾았구나.

만일 여러분이 복권에
당첨되었다면 행복할까요?
돈이 없어서 내가 좋아하는
장난감이나 학용품을 살 수 없다면
무척 속상할 거예요. 부자가 되어서 하고
싶은 것을 마음대로 하고, 갖고 싶은 것을
마음껏 산다면 정말 행복할까요?

돈으로 행복을 살 수 있을까요?

돈이 많으면 내가 좋아하는 걸 실컷 살 수 있어서 행복할 것 같아.

핸드폰이 있으면 행복할까?

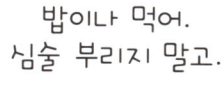

**금방 행복했다가
　금방 불행해지고**

"가온아! 오늘 우리 집에 놀러 갈래?"

뛰다시피 학교 문을 나서는 가온이를 겅중겅중 뒤따르며 수지가 물었어요.

"웬일이야? 학원 안 가?"

"응."

수지가 활짝 웃는 얼굴로 두 팔을 쫙 벌리며 외쳤어요.

"와, 기분 짱이야!"

"야, 학원 안 가는 게 그렇게 좋냐?"

"그뿐만이 아니야. 엄마도 오늘 없어."

수지가 얼굴에 웃음기를 가득 머금었어요. 정말 행복한 얼굴이었어요.

"엄마가 없는 게 왜 좋아? 난 엄마가 날마다 집에 있으면 좋겠는데."
"아, 몰라. 그런 게 있어. 아무튼, 너 우리 집 갈 거야?"
"아니, 나 못 가!"
"왜?"
가온이는 절로 웃음이 터졌어요.

"나도 오늘 기분이 짱이다!"
가온이도 수지처럼 두 팔을 벌렸어요.
"너 무슨 좋은 일 있어?"

"응, 엄마가 오늘 핸드폰 사 준대! 그래서 오늘 너희 집에 못 간다!"

"아, 아쉽다!"

두 아이는 어느새 큰길까지 나왔어요. 지하도를 건너면 수지네 아파트가 나오고, 왼쪽으로 꺾으면 지하철역이 나오고, 역 바로 앞에 핸드폰을 판매하는 매장이 있어요.

"잘 가!"

"핸드폰 개통하면 나한테 가장 먼저 전화해!"

"알았어!"

가온이는 날아갈 듯한 마음으로 한달음에 매장으로 달려갔어요.

핸드폰을 파는 매장 안은 늘 사람들로 북적대요. 가온이는 유리문을 밀며 들어갔어요.

"어서 오십시오!"

매장 안으로 들어서자 직원들이 동시에 큰 소리로 인사를 했어요. 가온이는 마치 왕이라도 된 듯 기분이 좋았어요.

"엄마!"

가온이는 매장에 미리 와 있던 엄마에게 뛰어가 손을 잡았어요.

"언니는? 같이 안 왔어?"

"몰라! 난 끝나는 대로 왔는데?"

엄마와 가온이는 상담석에 앉았어요.

"초등학교 2학년이 쓸 건데요. 어떤 핸드폰이 좋나요? 키즈폰이라는 것도 있던데."

"아, 네. 키즈폰 보시려고요? 잠시만요."

판매원이 가게 가운데에 놓인 탁자에서 핸드폰 하나를 들고 왔어요.

"전화와 간단한 문자, 채팅이 가능합니다. 아주 기본적인 기능만 있지요."

"예쁘네요. 이건 얼마예요?"

"폰은 공짜고요. 통신 요금이 월 1만 2천 원 정도예요."

"아, 생각보다 싸네요."

엄마의 말에 판매원이 재빠르게 말했어요.

"네, 이건 좀 구형이라서요."

"그래도 예쁘네요. 이거 어때?"

엄마가 가온이에게 물었어요. 핸드폰은 작고 앙증맞았어요. 그런데 구형이라는 말이 마음에 걸렸어요. 얼마 전 새로 나온 핸드폰을 샀다며 자랑하던 수지가 떠올랐어요. 화면이 크고 게임도 할 수 있다고 했어요.

"혹시 이거 말고 다른 거 있어요?"

가온이가 고개를 가로저었어요.

"왜, 엄마가 보기엔 예쁜데?"

"아니, 이거 말고 신형!"

가온이의 말에 판매원이 다른 핸드폰을 가지고 왔어요.

"초등학교 저학년이니까, 이런 건 어떨까요? 이게 아이들이 좋아하는 캐릭터 핸드폰인데요. 최신 핸드폰이에요. 여기 카메라 기능이 있고, 게임도 할 수 있고, 채팅 기능이 됩니다."

"와아, 좋다!"

가온이는 저절로 감탄이 나왔어요. 이 핸드폰을 보니 아까 것은 눈에 들어오지도 않았어요.

"아이들이 혹시 핸드폰으로 나쁜 영상물에……."

판매원은 엄마가 무슨 말을 하려는지 알기라도 하는 듯 재빨리 말을 가로챘어요.

"아, 물론 유튜브나 동영상 같은 거 보는 것은 제한이 있고요."

엄마는 안심이 되는 듯 고개를 끄덕였어요.

"엄마, 난 이거 갖고 싶어!"

가온이는 엄마의 옷자락을 잡아당기며 말했어요.

"이건 얼마인데요?"

"네, 이건 한 달에 핸드폰 값과 함께 2만 3천 원 정도예요."

엄마가 놀란 표정으로 말했어요.

"그럼 두 개를 쓰면 한 달에 4만 6천 원······."

"요즘은 초등학생들도 이 정도는 많이 써요, 고객님."

판매원의 말에 엄마는 살짝 웃었어요. 그 웃음은 엄마가 행복

할 때 짓는 웃음과는 달랐어요. 왠지 쓸쓸함이 배어 있었지요.

"엄마, 난 이거 좋아."

가온이가 엄마를 쳐다보았어요.

"언니가 오면 함께 결정하자."

그러고는 엄마가 판매원에게 말했어요.

"저, 잠깐만요. 얘 언니가 오면 함께 결정할게요."

마침 그때 가온이 언니, 영온이가 매장 문을 열고 들어왔어요.

"왜 이렇게 늦었니?"

"응, 학교 앞 언덕길에서 어떤 아줌마가 짐을 잔뜩 싣고 가길래 도와주느라고……."

영온이는 땀에 흠뻑 젖은 얼굴로 말했어요.

"아이고, 잘했네. 우리 딸!"

엄마가 얼굴에 환한 미소를 띠며 말했어요.

"그건 그렇고, 이거 어때?"

엄마는 영온이에게 먼저 본 키즈폰을 보여 주었어요.

"와아, 예쁘다!"

영온이가 싱글벙글하며 말했어요.

"야, 이거 봐! 이게 더 좋아."

가온이가 방금 본 최신 핸드폰을 가리키며 말했어요.

"이건 게임도 되고, 화면도 넓고 좋아. 수지 핸드폰도 이거야."

가온이가 영온이에게 열심히 설명했어요. 영온이가 보기에도 더 좋아 보였어요.

"이건 비싸?"

"응, 저거보다 조금 더."

"그래? 난 저 작은 게 더 좋은데?"

"이게 훨씬 최신 핸드폰이래. 게임도 되고, 카메라 기능도 많고……."

"이거 좋긴 좋은데……. 난 저것도 괜찮아."

영온이 말에 가온이는 화가 났어요. 언니는 늘 그래요. 맨날 괜찮다고 하고, 맨날 양보해요. 가온이는 언니가 어떨 때는 바보 같고, 어떨 때는 너무 착한 척하는 것 같아서 화가 나요.

"지금은 우리 형편이 좀 어려우니까, 이번에는 이걸로 사면 어떨까?"

엄마가 가온이 눈치를 보며 말하자, 가온이는 약간 고민이 되었

어요. 언니처럼 괜찮다고 말할까 잠시 생각했어요. 그런데 최신 핸드폰을 보고 나니 처음에 봤던 작은 핸드폰은 눈에 들어오지 않았어요.

"난 싫어. 정말 싫어. 아빠에게 전화해서 사 달라고 해!"

가온이는 떼를 썼어요.

"가온아! 그만해!"

엄마의 눈꼬리가 살짝 올라갔어요. 그러자 가온이는 영온이를 보며 소리쳤어요.

"이게 다 언니, 너 때문이야!"

영온이는 그런 가온이를 물끄러미 바라보았어요.

"왜 갑자기 언니 탓이야?"

엄마가 눈을 동그랗게 뜨고 가온이를 보았어요.

"언니가 저 구형도 좋다고 하니까 엄마가 이러는 거잖아!"

"그런 억지가 어디 있니?"

엄마는 어처구니없다는 표정으로 가온이를 바라보았어요.

"알았어, 알았어. 그럼 저걸로 사자! 하여간 너는……."

엄마가 얼굴이 약간 일그러졌어요. 그러면서 판매원 언니와 계산을 했어요.

영온이는 키즈폰을 샀어요. 엄마는 가온이와 똑같은 걸 사라고 말했어요. 하지만 영온이는 어차피 몇 년 지나면 바꿀 거니까 자기는 괜찮다고 했어요. 그러고는 신나게 뛰어갔어요.

이상한 건 가온이 마음이었어요. **자기가 원하는 대로 이루어졌는데, 행복한 기분이 들지 않았어요.** 핸드폰을 사자마자 수지에게 자랑하려고 했는데, 그럴 기분마저 들지 않았어요.

분명 핸드폰을 사러 올 때는 행복한 마음이었는데 그 마음은 어디로 사라진 걸까요?

인문철학 왕 되기

왜 우리는 항상 만족감을 느끼지 못하는 걸까?

어떤 음식을 처음 먹을 때는 굉장히 맛있었는데, 계속 먹다 보면 익숙해져서 만족감을 느끼지 못한 적이 없었나요? 왜 만족감은 오래 지속되지 못하는 걸까요?

 너희는 어떤 음식을 가장 좋아하니?

 저는 과자를 엄청나게 좋아해요. 기분이 안 좋을 때마다 과자를 먹어요.

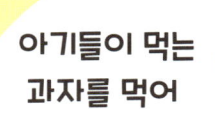 아기들이 먹는 과자를 먹어 본 적이 있니? 아기들이 먹는 과자에는 별 맛이 없단다. 그런데도 아기는 너무나 맛있어서 양손에 과자를 꽉 쥐고 먹는단다.

 아기들이 세상에 있는 자극적인 맛을 느낄 준비가 안 되어 있다는 얘기는 들었어요. 전 짜장면을 제일 좋아해요.

 그런데 너희들이 언젠가 어른이 되면 가장 좋아하는 음식으로 짜장면을 말하지 않을 때도 올 거야. 짜장면보다 더 자극적이라고 느껴지는 음식들이 많거든. 이렇게 우리는 세상을 경험하면서 새로운 자극을 만나게 되고, 이전의 자극을 넘어서는 더 큰 자극에 만족감을 느끼게 되지.

소쌤의 TIP

쾌락이란?

만족감과 비슷한 용어로 쾌락이라는 말이 있어. 쾌락이란 좋아하는 어떤 것을 가졌을 때 느끼는 자극적이면서도 즐거운 감정을 가리키는 말이야. 오래 지속되는 행복과 달리 쾌락은 일시적인 기쁨을 의미한단다. 어떤 사람들은 인간이 살아가는 목적을 '쾌락 모으기'라고 생각하기도 했어. 이런 사람들을 '쾌락주의자'라고 부른단다. 이들은 행복한 인생을 위해서는 가능한 한 많은 쾌락을 갖기 위해 노력해야 한다고 주장했지.

소쌤의 인문 특강
우리는 언제나 쾌락을 추구해야 할까?

아리스티포스(기원전 435?~350?)라는 고대 그리스의 철학자는 지금 내가 느끼는 쾌락을 즐기며 살아가야 한다고 말했어. 한번 살펴볼까?

너희 혹시 아프리카 대륙에 있는 리비아라는 나라에 대해 알고 있니?

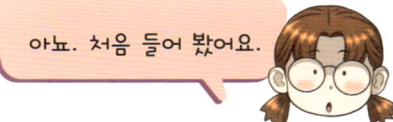

아뇨. 처음 들어 봤어요.

여기 이집트와 알제리 사이에 있는 나라가 바로 리비아란다. 오래전 고대 그리스의 식민지 도시 중 하나였지. 이 지역의 예전 이름이 바로 키레네였단다.

저는 알아요. 석유가 많이 나서 부자가 된 나라라고 들었어요.

키레네 출신 사람 중에 아리스토포스라는 철학자가 있었어. 아리스토포스는 나랑 이름이 똑같은 소크라테스에게 철학을 배워서 '내 생각의 주인은 바로 나!'라는 생각을 하고 있었다고 해.

그건 선생님께서도 종종 강조하시잖아요.

그런가? 하하. 그런데 아리스토포스는 심지어 이렇게 주장했단다.

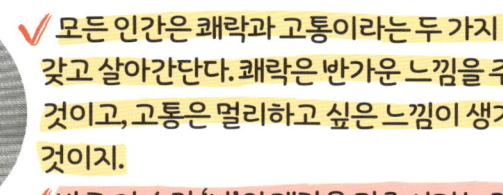

✓ 모든 인간은 쾌락과 고통이라는 두 가지 느낌을 갖고 살아간단다. 쾌락은 반가운 느낌을 주는 것이고, 고통은 멀리하고 싶은 느낌이 생기는 것이지.

✓ 바로 이 순간 '나'의 쾌락을 만족시키는 것이 인생에서 가장 중요한 일이란다.

✓ 미래에 일어날 일까지 생각하면서 행동하는 것은 어리석단다. 미래는 아직 오지도 않았기 때문에 불확실한 것이지. 불확실한 것까지 생각하면서 살아가는 것은 어리석은 일이야.

선생님, 그러니까 아리스토포스는 지금 내가 느끼는 쾌락을 즐기며 살아가야 한다는 거죠?

내가 좋아하는 음식을 실컷 먹을 수 있다면 너무 행복할 것 같은데~

맛있다고 너무 많이 먹으면 배탈이 난단다. 행복도 마찬가지지.

그렇지. 어려웠을 텐데 이해를 잘하는구나. 아리스토포스는 나의 입장에서 지금, 이 순간의 쾌락을 최대한 많이 느끼며 살아가는 것이 중요하다고 말했단다.

우리 집도 부자라면 얼마나 행복할까?

"가온아!"

교문을 나서는데 영온이가 큰 소리로 불렀어요. 가온이는 뒤도 돌아보지 않았어요. 어제 핸드폰 때문에 토라진 마음이 잘 풀리지 않았거든요.

"가온아! 같이 가!"

영온이는 가온이가 듣지 못한다고 생각했는지 목소리를 더 높였어요. 가온이가 냅다 뛰었어요.

"가온아, 가온아!"

영온이가 따라 뛰었어요.

'어휴, 덩치는 커 가지고. 왜 따라오고 난리야!'

영온이의 발소리가 쿵쿵 울리는 것 같았어요. 자매지만 좀 마른 가온이와 달리 언니는 덩치가 큰 편이었어요. 가온이는 얼른 골목으로 숨어들었어요.
"가온아!"
멀리서 영온이의 목소리가 들려왔어요.

골목을 빠져나온 가온이는 곧장 집으로 가고 싶지 않았어요. 영온이와 함께 가는 건 더욱 싫었지요. 학교 옆 어린이도서관 뒤 언덕길로 걸어갔어요. 언덕길은 터널 위로 연결되어 가온이네 동네로 이어져 있어요. 가온이와 영온이가 유치원 다닐 때만

해도 온 가족이 이 언덕길을 걸어와 어린이도서관에서 책을 빌려서 다시 언덕길을 내려가곤 했어요. 영온이에 비해 마르고 약한 가온이를 아빠와 엄마는 번갈아 업어 주기도 했지요. 가온이는 코끝이 찡해졌어요.

'아빠는 잘 있을까?'

아빠를 보지 못한 지 두 달이 다 되어 가요. 그전에는 2주에 한 번씩 만났지만, 갑자기 아빠가 일이 있다면서 미루었어요.

"아빠가 이번 일만 끝나면 연락할게. 잘 해결될 거 같아."

핸드폰을 사자마자 아빠에게 전화했지만, 아빠는 시무룩한 목소리로 이렇게 대답했어요.

터널 윗길에 올라서자 건너편 언덕에 작은 빌라와 낡은 한옥이 섞인 언덕 마을이 보였어요. 그 아래로 높이 우뚝 솟은 아파트가 보였어요.

'우리도 수지네처럼 저런 아파트에 산다면 얼마나 좋을까?'

수지는 같은 동네지만 으리으리한 아파트에 살아요. 가온이가 사는 작은 빌라와는 비교도 되지 않게 비싼 집이에요. 가온이는 천천히 걸어 자기네 집이 있는 마을과 수지네 아파트 단지를 번갈아 보았어요. 멀리서 보니 가온이네 마을이 더 작아 보였어요.

주머니 속에서 징징징 핸드폰이 울렸어요.

"가온아, 너 어디야?"

"응, 나 집에 가는 길. 왜?"

"야, 만나 분식에서 지원이와 만나기로 했어. 너도 올래?"

수지의 말에 가온이는 기분이 좋아졌어요.

"알았어. 곧장 갈게."

전화를 끊자마자 영온이에게서 전화가 걸려 왔어요.

"가온아, 너 언제 와? 같이 샌드위치 만들어 먹으려고 기다리는 중인데."

영온이는 가온이가 자신을 따돌렸다는 생각은 조금도 않는 것 같았어요.

"신경 끄셔! 언니나 실컷 먹고 살이나 쪄라!"

그리고 나서 가온이는 재빨리 만나 분식으로 달려갔어요.

만나 분식에는 중학생 언니들이 바글바글했어요. 구석에 자리 잡은 친구들이 손을 흔들었어요. 사람들 틈을 비집고 아이들 쪽으로 가다가 가온이는 흠칫 놀랐어요. 개수대에서 쉴 새 없이 쌓이는 접시를 닦는 아주머니의 뒷모습이 엄마 같았기 때문이에요.

'그럴 리가 없지. 엄마는 회사에 갈 시간이니.'

가온이는 아이들이 있는 구석 자리에 앉았어요.

"야, 떡볶이 나왔다."

주인 할머니가 떡볶이를 가득 담아 들고는 소리쳤어요. 수지가 가서 접시를 받아 탁자에 올려놓았어요. 지원이가 포크를 들고 먹으려고 덤비자 수지가 팔을 툭 치며 말렸어요.

"야, 뭐야! 인증숏 찍어야지."

수지가 핸드폰을 꺼냈어요.

"와, 네 핸드폰 카메라 너무 좋다."

"우리 아빠가 생일이라고 바꿔 줬어."

수지가 아무렇지도 않은 듯 말했어요. 수지 손에 있는 핸드폰은 예쁜 연예인 언니가 광고하는 바로 그 핸드폰이었지요.

"나도 바꿔 달라고 해야지."

지원이가 포크로 떡볶이를 찍으며 말했어요.

가온이는 그런 친구들이 부러웠어요.

'나도 말만 하면 다 들어 주는 부자 엄마, 아빠가 있으면 좋겠다.'

수지를 보면 그런 생각이 저절로 들었어요. 그러면서 가온이는 자기 자신이 초라해진 느낌이 들었어요.

띠링, 띠링. 핸드폰 문자 오는 소리가 여러 번 울렸어요. 수지가 핸드폰을 얼른 들어 폴더를 열어젖혔어요.

"어, 엄마다!"

수지가 문자를 읽더니 한숨을 푹 쉬었어요.

"왜?"

지원이가 물었어요.

"엄마가 떡볶이집 왔다고 야단이야."

"어? 어떻게 아셨어?"

"우리 엄마는 내가 어디 다니는지 다 알아. 이걸로 위치 추적."

수지가 핸드폰을 들고 흔들며 얼굴을 찌푸렸어요.

가온이는 그것조차 부러웠어요. 엄마의 사랑을 듬뿍 받는 느낌이 들었기 때문이에요.

"그런데 너희 엄마는 떡볶이 왜 못 먹게 해?"

가온이가 물었어요.

"정크 푸드래."

"정크 푸드? 그게 뭔데?"

"아이 참, 너 영어 모르니? 정크는 쓰레기, 쓸모 없다는 뜻이고, 푸드는 음식! 이제 알겠니?"

"너무했다. 떡볶이가 왜 정크 푸드냐?"

지원이가 입을 삐죽거리며 한마디 덧붙였어요.

"정크 푸드가 무슨 영어냐? 아프리카 말 같다."

"아무 말 대잔치 하냐?"

가온이가 깔깔거렸어요.

"아, 몰라! 난 여기 떡볶이가 가장 맛있는데, 엄마는 함부로 먹었다가 탈 난다고 난리도 아니야! 맨날 나를 가만 안 둬! 나는 자유가 없어. 학원도 이리 가라, 저리 가라. 진짜 짜증 나."

그러면서 수지는 포크를 놓더니 인사도 없이 휙 나가 버렸어요.

"야, 우리도 빨리 먹고 가자. 나도 학원 가야 해서."

지원이가 갑자기 허겁지겁 먹기 시작했어요. 가온이는 공연히 마음이 조급했어요.

그때 설거지하던 아줌마가 한 손에 행주를 들고 탁자를 정리하기 위해 다가왔어요.

"어, 가온아! 언제 왔어?"

가온이는 숨이 멎을 듯했어요. 아니나 다를까, 정말 엄마였어요. 가온이는 아무 말도 하지 않고 가게를 뛰쳐나왔어요.

"아줌마, 안녕히 계세요."

지원이가 얼떨결에 인사를 하고 뒤따라 나왔어요. 가온이는 어느새 저만치 뛰어가고 있었어요.

그즈음 영온이는 집에서 가온이를 기다리고 있었어요.

"샌드위치 맛있게 만들어 주고 싶었는데……."

영온이는 냉장고에서 양상추를 꺼내 손으로 자르며 중얼거렸어요. 영온이는 가온이보다 두 살 더 많아요. 어릴 때부터 영온이는 언니 노릇을 톡톡히 했어요. 일하느라 바쁜 엄마, 아빠 대신 가온이와 놀아 주는 것도 영온이었지요. 아기였던 가온이가 울면 고사리손으로 눈물 콧물을 닦아 주었고, 더러운 옷도 갈아입혀 주었어요. 가온이가 웃으면 덩달아 기분이 좋아졌지요.

가온이는 영온이를 잘 따르고 좋아했어요. 그런데 학교에 들어가면서부터 가온이가 달라졌어요. 자꾸 투정을 부리고, 억지를 부

리고, 화를 내요. 그 무렵 엄마 아빠가 헤어져 살게 되었는데, 아무래도 그 때문인 것 같았어요.

두 해 전 어느 날, 엄마 아빠가 영온이와 가온이를 앞에 두고 힘겹게 이야기를 꺼냈어요.

"영온아, 가온아…. 엄마 아빠가…… 너희에게 좀, 아니 많이 미안한 이야기를 하게 되었어."

엄마는 담담해 보이면서도 얼굴빛이 좋지 않았어요.

"엄마와 아빠는 서로 사랑해서 결혼을 했고, 너희 같은 보물을 낳았지. 엄마는 우리가 가족이 된 게 세상에서 제일 행복한 일이라고 생각해. 그런데 엄마 아빠가 더는 함께 사는 게 힘들게 되었어. 그래서 따로 살려고 해. 그렇지만 영온이와 가온이의 엄마 아빠인 것은 변함이 없고, 사랑하는 것도 변함없어."

엄마가 차분하게 설명했어요.

가온이가 울먹거리며 물었어요.

"왜 마음이 변했어? 우리 때문이야?"

그때 고개를 숙이고 있던 아빠가 가온이를 보며 말했어요.

"아니, 아빠 때문이야. 아빠가 자꾸……, 사업에 실패해서……."

아빠는 말을 잇지 못했어요. 엄마는 고개를 가로저었어요.

"아니, 아니. 나는 당신이 사업을 하다가 실패하고 빚진 거 때문에 이러는 거 아니야. 우리 형편에 맞지 않게 계속 욕심을 부려서 무리하게 사업하고 주변 사람들을 힘들게 했잖아. 그런데 지금도 그 욕심을 버리지 않고 앞으로도 끝이 없을 것 같아서 헤어지는 거야."

아빠가 억울하다는 듯이 말했어요.

"나 혼자 잘살려고 그러는 게 아니잖아? 다 우리 가족의 행복을 위해서 그런 거지."

아빠의 말에 엄마가 길게 한숨을 쉬었어요.

"행복이란 게 꼭 큰돈이 있어야 하는 거야?"

"어려운 집안에서 커서 알아. 가난하면 행복할 수 없어."

아빠가 단호하게 말했어요. 엄마는 다시 한숨을 쉬었어요.

가온이가 울음을 터뜨렸어요. 영온이는 웬일인지 울음이 나오지 않았어요. 영온이는 그때부터 가온이를 더 돌봐 주어야겠다고 생각했어요.

"언니는 괜찮아?"

방에 들어와서도 한참 훌쩍거리며 울던 가온이가 물었어요.

"안 괜찮아."

"그런데 왜 아무렇지도 않아?"

"나도 슬프지만, 꾹 참고 괜찮아지려고 해. 어쩌면 엄마 아빠가 떨어져 사는 게 우리에게 행복한 일일 수도 있어. 맨날 싸우면서 미워하는 것보다는. 그리고 엄마 아빠는 우리를 변함없이 사랑한다고 했잖아."

이렇게 말하는 영온이도 울컥했어요. 저절로 눈물이 또르르 흘러내렸어요.
　"난 절대 이해 못 해. 아니, 절대 안 할 거야. 언니랑 나랑 엄마 아빠한테 헤어지지 말라고 조르자. 그러면 안 헤어질 수도 있잖아."
　영온이는 무릎 사이에 얼굴을 묻고 가만히 있었어요. 하지만 엄마와 아빠는 결국 헤어져 살게 되었어요.

가온이는 그때부터 툭하면 떼를 쓰고 투정을 부렸어요.

"엄마 아빠가 헤어진 건 언니, 너 때문이야."

화가 나면 영온이에게 억지를 부렸어요. 엄마 아빠가 헤어지지 말라고 조르지 않았기 때문이라고 하면서요.

아빠와 따로 살면서 엄마는 다시 회사에 나가 일했어요. 영온이는 학교에서 돌아오면 간단한 요리들을 했어요. 엄마가 마련해 준 재료들로 샌드위치도 만들고, 주먹밥도 만들었어요. 가온이를 챙겨 주고 싶어서였지요.

영온이는 오늘도 토스트 기계에 빵을 넣어 바싹 구웠어요. 빵에 버터를 바르고, 사이사이에 토마토와 양상추, 참치와 햄을 넣었어요. 영온이만의 샌드위치가 완성되었어요.

그때 '딩동딩동' 초인종이 울렸어요.

"영온아, 나 왔어."

같은 빌라 302호에 사는 정연이었어요. 정연이는 영온이의 단짝 친구예요.

가온이와 함께 먹으려고 샌드위치를 잔뜩 만들었는데, 가온이는 전화도 받지 않았어요. 영온이는 하는 수 없이 정연이를 불렀어요.

"정말 영온이 너는 요리사가 되면 좋겠어."

영온이는 맛있게 먹는 정연이를 보며 가온이를 생각했어요. 가온이도 정연이처럼 맛있게 먹은 적이 있었어요. 그때 영온이는 마음이 얼마나 뿌듯했는지 몰라요.

"맛있어?"

"엄청! 학교 앞에서 파는 샌드위치보다 맛있어."

정연이는 해맑게 웃으며 엄지손가락을 치켜세웠어요.

영온이는 빙긋 웃었어요. 설거지까지 깨끗하게 했어요. 음식물

이 묻은 그릇들이 뽀득뽀득해지면 기분이 좋아졌어요.

"행복이라는 게 별거 아니야. 작은 일이라도 내가 좋아하는 걸 차근차근 하다 보면 행복해지는걸."

언젠가 엄마가 해 준 말이 떠올랐어요. 영온이는 정말 그런 느낌이 들었어요.

인문철학 왕 되기

① **②** ③ ④

돈으로 행복을 살 수 있을까?

복권에 당첨되어 무엇이든 내가 좋아하는 걸 마음껏 살 수 있다면 행복할까요?

룰루랄라 ♪

 커다란 집을 사서 큰 강아지를 키우며 살고 싶어요.

 얘들아, 만약에 복권에 당첨되어 100억이 생긴다면 무엇을 하고 싶니?

 그렇구나. 그럼 뭉치는 100억이 생기면 어떻게 생활할 것 같니? 학교는 계속 다닐 거니?

 당연하죠. 맛있는 것도 많이 사 먹을 수 있고, 새로 나온 게임도 바로바로 살 수 있고요.

 그렇다면 돈이 있으면 무엇이든지 다 살 수 있을까?

 아뇨! 학교에 가려면 아침 일찍 일어나서 씻어야 하고, 숙제도 해야 하고 귀찮은 일이 정말 많아요.

 그렇구나. 그럼 집에서 매일매일 혼자 지내겠다는 거지?

 네! 늦게 일어나도 되고, 배달 음식으로 맛있는 것들도 많이 먹고, 보고 싶은 영화도 매일 볼 수 있잖아요.

 하지만 언젠가 돈을 다 써 버리면 어쩌지? 그때 주변을 돌아봤을 때, 친구도 없고, 딱히 하고 싶은 일도 없다면 그런 삶은 행복하다고 말할 수 없을 것 같구나.

소쌤의 철학 특강

아리스토텔레스가 말하는 행복

어떻게 살아가야
행복한 사람이 되는 걸까?

아리스토텔레스(기원전 384~322)라는
철학자는 **행복**과 **쾌락**에 대해
세 종류의 사람이 있다고 주장했어.

첫 번째 종류의 사람은 '**쾌락을 좋아하는 사람**'이야.
맛있는 것을 먹거나 게임할 때 즐거움을 느끼게 되잖니?
이렇게 단순한 쾌락만을 계속 추구하는 사람이 있다는 거지.

두 번째 종류의 사람은 '**정치와 명예를 좋아하는 사람**'이야.
이런 종류의 사람들은 다른 사람들에게 인정받고 유명해지기를
간절히 원해. 아리스토텔레스는 모든 인간에게는 첫 번째와
두 번째 종류의 사람, 그러니까 즐겁게 살고 싶은 마음과
유명해져서 명예롭게 살고 싶은 마음이
조금씩은 있다고 생각했단다.

수많은 나라를 정복한
고대 그리스의 알렉산더 대왕을
가르치는 아리스토텔레스

아리스토텔레스는
세 번째 종류의 사람인 '진리 찾기를 좋아하는 사람'이
가장 훌륭하고 행복한 사람이라고 주장했어.
쾌락이나 명예처럼 지금 당장 내가 느끼는 것들은
언젠가 변할 수도 있어서 그렇단다. 눈앞에 맛있는 음식이 있더라도
신중하게 생각하면서 먹어야 할 양만큼 먹고,
나에게 좋은 말을 늘어놓는 사람이 있어도 자신을 돌아보고 한 번
더 생각하는 사람이 진정으로 행복한 사람이라는 거지.

소쌤의 TIP

진리란?

진리란 이 세상 속에서 '참된 것'을 의미하는 말이란다. 언제 어디서나 누구에게든지 '그건 맞아.'라든가 '그건 옳다.'라는 평가를 듣는 것을 말하지. 예를 들어 '지구는 태양 주위를 돈다.'는 변하지 않는 사실이므로 진리라고 할 수 있지.

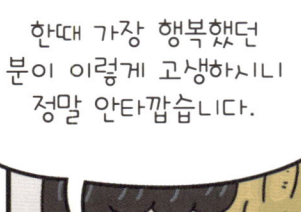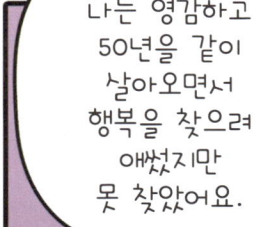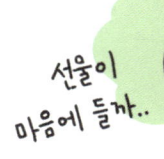

행복에도
연습이 필요해

"아빠, 아빠가 좀 오면 안 돼?"

가온이는 집에 가지 않고 아빠에게 전화를 걸었어요.

"무슨 일 있어, 우리 딸?"

가온이는 왠지 서러운 느낌이 들어, 다짜고짜 눈물이 터졌어요.

"가온아, 왜? 왜 울어?"

아빠가 당황해하며 다급하게 물었어요. 가온이는 세상의 모든 불행이 다 자기 것만 같았어요. 울음소리가 점점 더 커졌어요.

"가온아, 지하철역 바로 앞에 아이스크림 가게 있지? 그쪽으로 갈

게. 여기서 가면 한 삼사십 분 정도 걸리니까 기다려, 알았지?"

아빠가 다정하게 말하자, 가온이는 조금 진정이 되었어요. 그때 핸드폰이 울렸어요. 엄마 번호가 떴어요. 가온이는 핸드폰을 아예 꺼 버렸어요.

가온이는 터덜터덜 걸음을 옮겼어요. 아빠가 오는 시간 동안 공원에서 기다리기로 마음먹었어요. 머릿속에 이런저런 생각들이 떠올랐어요.

'지원이가 나를 거짓말쟁이로 생각하면 어쩌지?'

'반 아이들에게 말하면 어쩌지? 애들한테 놀림받는 건 아닐까?'

'수지가 알면 어떻게 생각할까?'

'언니는 뭐라고 할까? 아마 상관없다고 하겠지?'

머릿속으로 별별 생각이 다 들었어요. 생각하면 할수록 걱정도 늘어났어요. 가장 걱정인 건 지원이었어요.

얼마 전 직업 체험 학습 때의 일이 떠올랐어요. 지원이가 자기 엄마 아빠는 둘 다 대학교수이고 박사라고 자랑했어요. 아이들이 부러워했어요. 수지마저 "와, 진짜?" 하면서 부러운 눈길로 지원이를 쳐다보았지요. 선생님이 "직업에는 귀천이 없어요. 각자 자신이 좋아하고 가치 있다고 여기는 일을 하면 그게 바로 귀한 직업이에요."라고 말했지만, 이상하게 '박사'는 매우 대단해 보였어요. 그래서 지원이가 가온이에게 "너네 엄마 아빠는 뭐 해?" 하고 물었을 때, 엄마가 '큰 회사'에 다닌다고 말했어요. 그냥 회사에 다닌다고 말할까 하다가 그렇게 거짓말이 나오고 말았어요. 지원이가 "큰 회사? 대기업?" 하면서 눈을 동그랗게 떴어요.

"와, 우리 삼촌은 대기업 시험 보는데 계속 떨어졌대. 거기 들어가는 게 하늘의 별 따기래."

지원이가 놀란 표정으로 가온이를 바라보자, 가온이는 조금 으쓱한 기분이 들었어요.

"에이! 괜히 그랬어."
가온이는 얼굴이 화끈 달아오르면서 마음이 불편했어요.
드디어 공원에 들어섰어요. 한가운데 너른 운동장에는 축구를 하는 아이들이 있고, 자전거를 타고 주변을 신나게 도는 아이들도 있었어요. 한 아이가 비틀거리며 자전거를 배우고 있고, 그 뒤에는 아이의 엄마로 보이는 사람이 자전거를 붙잡고 있었어요.
그 모습을 보자 까마득히 잊고 있던 예전 기억이 떠올랐어요.
아빠가 어느 날, 작은 자전거 두 대를 차에 싣고 퇴근했어요.
"영온아, 가온아! 아빠가 자전거 사 왔다."
엄마가 깜짝 놀라며 물었어요.
"당신, 돈이 어디서 나서 두 대나 사 왔어?"
"한 대만 사면 아이들이 서로 다투고 싸울 거 아냐. 그래서 중고 시장을 뒤졌지. 얼른 돈을 벌어 꼭 새 자전거를 사 줘야지."
"아냐, 이것도 새것처럼 좋은데 뭘!"
엄마는 활짝 웃었어요. 아빠는 중고 자전거를 반짝반짝 윤이 나

게 닦았어요. 가온이와 영온이는 그 옆에 나란히 앉아 아빠가 자전거를 닦는 모습을 지켜보았어요.

"내가 말이야, 아이를 낳으면 꼭 자전거 타는 걸 가르쳐 주고 싶었거든. 새 자전거로 해 줘야 하는데……."

아빠는 여전히 아쉬워하며 말했어요.

"아이들은 쑥쑥 커! 이 자전거도 오래 못 타! 중고도 충분해!"

엄마는 아빠에게 위로하듯 말했어요.

온 가족이 반짝거리는 자전거를 공원으로 끌고 나왔어요. 아빠가 자전거 타는 법을 가르쳐 주고, 가온이와 영온이는 자전거를 배웠어요.

"아빠만 믿어. 아빠가 뒤에서 꼭 붙잡아 줄 테니, 힘껏 페달을 밟아 봐."

정말 페달을 힘껏 밟자 자전거가 앞으로 쌩하고 나아갔어요. 마

치 공기를 가르며 하늘을 나는 느낌이었어요. 아빠가 손뼉을 치며 큰 소리로 외치는 목소리가 들려왔어요.

"잘한다, 우리 딸!"

영온이는 금방 배우지 못했어요. 가온이는 아빠 대신 자전거를 뒤에서 잡아 주었어요. 영온이는 가온이를 철석같이 믿었어요. 가온이는 자신을 믿고 자전거에 올라타 비틀거리며 페달을 밟는 영온이를 보며 기분이 좋았어요. 아빠도 그랬을까요? 자신을 믿어 주는 사람이 있다는 것은 정말 기쁜 일이었어요.

"그때가 정말 좋았는데……."

가온이는 발로 땅바닥의 모래를 툭툭 찼어요.

아빠를 만나기로 한 아이스크림 가게는 몹시 북적댔어요. 가온이는 벽에 걸린 시계를 보며 아빠를 기다렸어요. 아빠는 약속한 시각에 잘 나타나지 않았어요. 늘 바쁘다면서 늦게 오고는 했지요. 아빠는 보통 10분, 15분 늦는데, 어떨 때는 한 시간도 늦은 적이 있어요.

'오늘은 아빠가 일찍 오면 정말 좋겠다.'

그런 생각이 절로 들었어요.

핸드폰 시계를 들여다보다가 고개를 들었는데, 어느새 아빠가 눈앞에 서 있었어요. 아빠를 보자 또 눈물이 핑 돌았어요.

"가온아, 무슨 일이야?"

"몰라."
가온이는 퉁명스럽게 대답했어요.
"아빠, 엄마가 무슨 일 하는지 알아?"

아빠가 잠시 머뭇거렸어요.
"알고 있어."
"안다고?"
"그래. 아르바이트를 여러 개 한다고 했어."
"내 친구들이랑 자주 가는 떡볶이집에서 설거지를 한다고!"
가온이가 버럭 소리를 질렀어요.
"그래서, 우리 가온이가 창피했어?"
가온이는 아빠의 말에 고개를 끄덕였어요.
"친구들이 다 봤단 말이야."
아빠는 잠시 아무 말이 없었어요.
"아빠, 엄마에게 거기 그만두라고 얘기 좀 해 봐."
가온이가 울먹거렸어요.
"알았어. 내가 엄마에게 이야기를 해야겠다. 가온이 마음을 좀 알아주라고."
그러고는 아빠가 가온이를 토닥거려 주었어요.

"사실 아빠는 요즘 엄마가 열심히 일하니까 좋더라. 엄마가 너희들 낳고 한동안 마음이 우울한 적이 있었거든."

가온이는 아빠의 얼굴을 놀란 듯 바라보았어요.

"왜, 우리 때문에?"

"아니, 그때 엄마는 직장도 그만두고 집에서 너희를 키웠지. 너희를 사랑하지 않아서가 아니라, 혼자서 너희 둘을 기르느라 힘들어서 그랬대. 그건 아빠의 잘못도 있어. 아빠가 그때 정말 정신없이 바빴거든."

"아빠는 왜 그렇게 바빴어?"

"너희들 잘 기르려고……."

아빠는 그 말을 하며 쓸쓸한 표정이 되었어요.

"그럼 일찍 와서 엄마를 도와줘야 하는 거 아니야?"

가온이의 말에 아빠는 눈이 동그래졌어요.

"그러게. 가온이도 아는 걸 이 아빠는 몰랐어. 돈만 벌어다 주면 다 되는 줄 알았어."

아빠는 씁쓸한 웃음을 지었어요. 아빠는 엄마와 연애를 하고 결혼을 했을 때 이야기를 해 주었어요. 엄마는 요리사가 꿈이었대요. 직장을 다니면서 그 꿈을 이루려고 요리 학원도 다녔대요. 엄

마는 틈틈이 장애인 시설에서 밥을 해 주는 봉사 활동도 했다고 해요. 아빠도 엄마를 따라 봉사 활동도 했대요. 아빠는 엄마의 그 모습이 정말 예뻤다고 했어요.

"엄마는 그 꿈을 이루기 위해 지금 노력하는 중이야. 그래서 열심히 아르바이트를 하면서 요리도 배우고 있대. 사실 떡볶이 집에서 아르바이트를 하는 게 창피한 건 아니잖아?"

갑작스러운 아빠의 물음에 속마음을 들킨 가온이의 얼굴이 빨개졌어요.

"아빠……, 사실은 내가 지원이에게 엄마가 큰 회사에 다닌다

고 말했거든. 그런데 떡볶이집에서 엄마를 만나니까……."

아빠는 이제야 알겠다는 듯이 가온이에게 물었어요.

"왜 그렇게 말했어?"

"아~니, 지원이 엄마 아빠가 박사라고 자랑을 해 대서 나도 모르게……."

아빠는 가온이의 손을 꼭 잡으며 웃었어요.

"그랬구나. 그런데 가온아, 직업은 직업일 뿐 그것으로 좋다, 나쁘다 따지는 건 옳지 않아. 사람이 먹고살기 위해 일을 하는 것은 모두 소중한 것이거든."

가온이는 어렴풋이 아빠의 말이 무슨 뜻인지 알 것 같았어요.

"지원이가 놀리면 어떡하지?"

"뭘 어떡해. 솔직하게 말하고 거짓말해서 미안하다고 해야지."

그 말에 가온이는 마음이 좀 후련해졌어요. 내일 학교에 가서 지원이에게 말해야겠다고 다짐했어요.

"아빠, 나는 우리 가족이 행복했으면 좋겠어."

가온이가 정말 바라는 속마음이 나왔어요.

"가온이는 행복이 뭐라고 생각해?"

"나는 돈이 많으면 행복한 거 같아, 수지네처럼. 아빠는?"

"아빠는……."

아빠는 잠시 생각에 잠겼어요.

"아빠도 돈이 많으면 행복할 줄 알았어. 그래서 열심히 돈을 벌려고 했는데 생각만큼 잘되지 않았어……."

아빠의 얼굴이 잠깐 어두워졌어요.

"아니, 나는 우리 가족이 다 같이 살면 행복할 거 같아."

가온이가 얼른 아빠의 기분을 바꾸기 위해 말했어요.

"완전한 행복은 없는 거 같아. 누구나 다 부족함이 있거든. 그 부족함을 조금씩 채워 가면서 행복을 찾아가는 거지. 아빠도 이제 깨달았어."

아빠는 마치 자신에게 하듯 혼잣말을 했어요.

그러면서 아빠는 물컵에 물을 반쯤 따랐어요.

"가온아, 여기 물이 반 컵 있잖아. 이걸 보고 어떤 사람은 물이 반밖에 없다고 생각해. 그건 반밖에 없어서 불만이 있다는 거지? 그런데 '아직 물이 반이나 있네.' 하는 사람도 있어. 그 사람은 물이 반이나 남아 있어서 만족한다는 거지. 같은 상황이라도 생각하기에 따라 만족감이 달라진단다. 아빠가 돈 번다고 엄마와 너희에게 소홀하게 대할 때, 엄마가 이 말을 했었지."

가온이는 엄마의 마음을 조금은 알 것 같았어요.

"아빠는 따로 혼자 사는 게 행복해?"

가온이가 아빠에게 물었어요.

"아니……. 하지만 행복해지려고 노력하고 있어. 매일매일 운동하고, 밥도 잘 먹고. 그래야 너희들을 오래오래 지켜 주지."

그 말에 가온이는 왠지 안심이 되었어요. 아빠가 혼자 사는 게 행복하다고 했으면 매우 서운했을 거 같았어요.

도대체 행복이란 무엇일까?

어떻게 하면 행복해질 수 있을까요? 행복에도 노력과 마음가짐이 필요하답니다.

 와, 뭉치야. 그게 뭐야?

 '칼림바'라는 아프리카 전통악기야. 너희 반도 음악회 준비하지 않아?

 1등을 하면 뭐가 좋지?

 음악회의 목적은 아름다운 연주를 하는 거라고 생각해요. 그런데 저도 그렇고 친구들은 모두 학교 음악 축제에서 1등을 하고 싶어 해요.

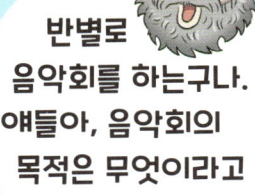 반별로 음악회를 하는구나. 얘들아, 음악회의 목적은 무엇이라고 생각하니?

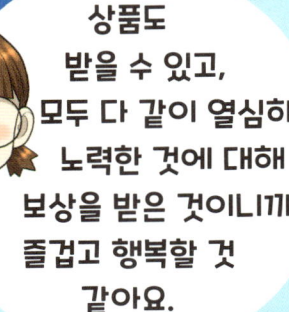 상품도 받을 수 있고, 모두 다 같이 열심히 노력한 것에 대해 보상을 받은 것이니까 즐겁고 행복할 것 같아요.

 어떤 일을 하든 최선을 다한 일에 좋은 결과를 내서 기쁘고 뿌듯하다면 그게 바로 행복이라고 할 수 있단다.

 소쌤의 TIP

목적이란?

목적이란 마치 과녁에 화살을 쏘는 것과 같단다. 양궁 경기를 한번 떠올려 보렴. 어떤 선수가 화살을 과녁의 한가운데에 꽂으면 10점 만점을 받잖니. 그렇게 과녁을 향해 화살을 겨눌 때, 우리가 노리는 '최고의 상태'를 목적이라고 부른단다.

어떻게 살아가야 내가 행복할지 알 수 있을까?

이 질문에 대답하기 위해서는 '인간의 특징은 무엇일까?'라는 질문에 대해 생각해 보아야 할 것 같구나. 조금 복잡한 그림을 하나 그려볼 테니 함께 살펴보자.

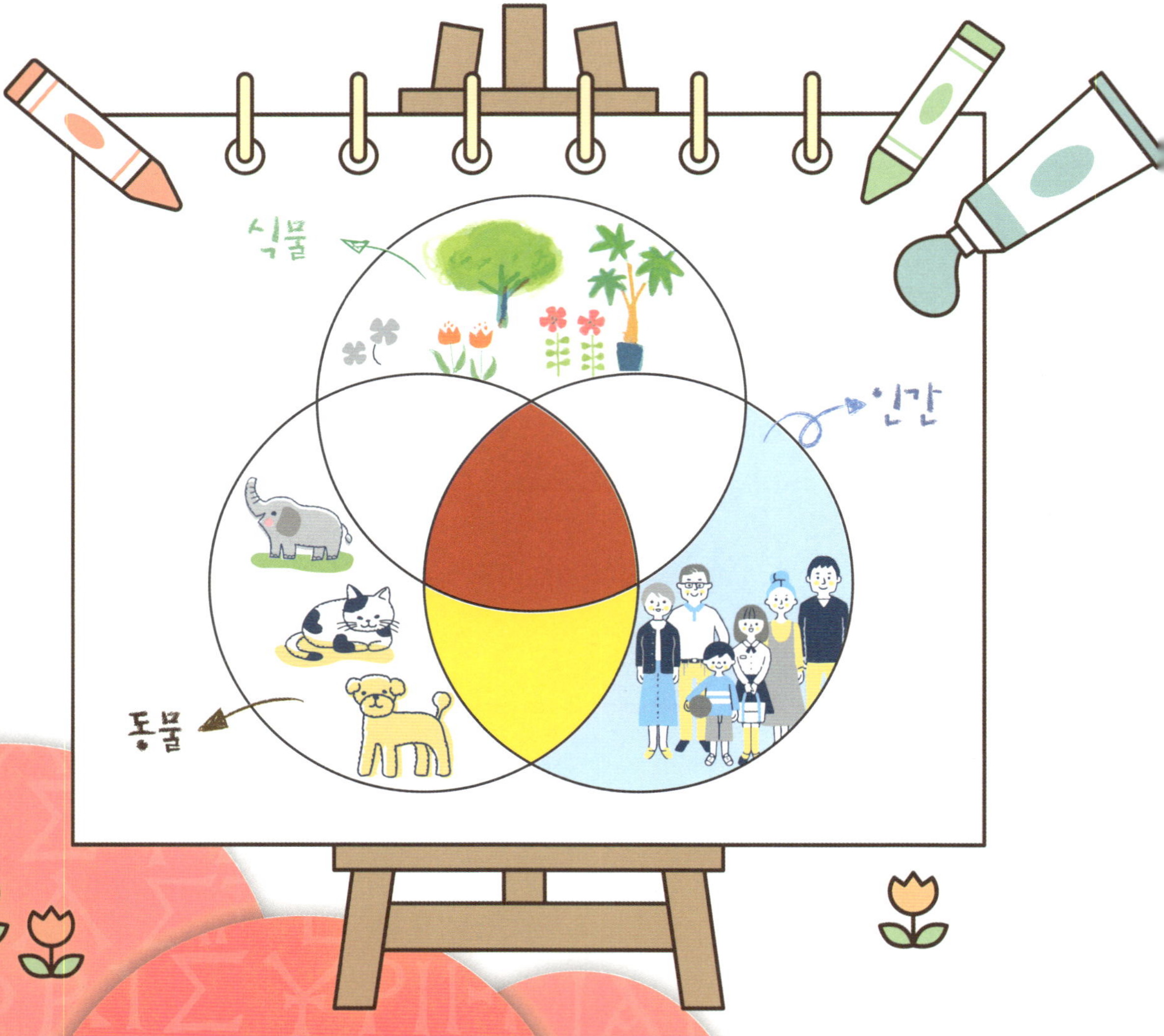

그림을 보면 동그라미 3개가 있지. 동그라미 안에
식물, 동물, 인간의 특징을 채워 본다고 생각해 보렴.

먼저 **노란색으로 칠해진 부분**부터 살펴볼까? 동물의 특징과 인간의 특징
중에서 겹치는 것이 무엇이지? 움직일 수 있고, 돌아다닐 수 있다는 거겠지?

이제 **빨간색 부분**에 들어갈 특징을 생각해 보자.
식물도 가지고 있고, 동물도 가지고 있고, 인간도 가지고 있는 공통적인 특
징은 무엇일까? 바로 숨을 쉬고, 쑥쑥 자라날 수 있다는 거란다.

이제 **파란색으로 칠해진 부분**으로 가 보자. 인간이 가진 온갖 특징 중에서
식물과 동물이 가지고 있는 특징을 다 빼 보면 어떤 것이 남을까?
숨 쉬면서 쑥쑥 자라나는 것도 빼고, 움직이며 돌아다니는 것도 빼다 보면
'생각하는 것'이 남는단다.

인간은 생각하면서 행동할 수 있어.
자신의 행동을 다시 돌아볼 수 있는 능력이 있지.
생각하면서 더 좋은 행동을 하고, 더 잘 살아가기 위해
노력하는 사람은 진정으로 행복할 거야.

가온이에게 찾아온 행복

아빠와 가온이는 아이스크림 가게 밖을 나왔어요. 어느새 서쪽 언덕 하늘이 붉게 물들었어요. 아빠가 가온이의 손을 꼭 잡아 주었어요. 아빠 손의 따뜻한 느낌이 가온이에게 전해졌어요. 낮에 있었던 일들은 까마득한 옛날같이 느껴졌어요. 어디론가 마구 흩어졌던 마음이 다시 돌아오는 느낌이었어요.

아빠와 가온이는 천천히 걸어 공원길로 접어들었어요.

"오랜만에 이 길을 걷네. 여기 은사시나무도 그대로고, 저 언덕에 상수리나무도 그대로네."

가온이와 아빠는 천천히 공원을 한 바퀴 돌아 나와 큰 도로 앞에 섰어요. 지하도를 건너면 수지네 아파트와 연결돼요. 지하도를 빠져나와 수지네 아파트 단지 입구에 도착했어요.

"가온아, 이제 아빠 가 봐야겠다."
"벌써?"
"아빠가 저녁에 누굴 만나야 해서. 집까지 혼자 갈 수 있지?"
가온이는 금세 시무룩해졌어요. 가온이는 아빠와 조금 더 있고 싶었어요.
"아빠, 우리 저기 가자!"
가온이가 수지네 아파트 놀이터로 아빠를 이끌었어요. 아빠는 시계를 들여다보며 마지못해 가온이를 따라갔어요.
가온이는 아빠와 나란히 그네에 앉았어요.
"아빠, 우리도 이런 큰 아파트에서 살면 좋겠다."
"아빠도 크고 비싼 아파트에서 살고 싶었어. 그런데 어디에서 살든 마음이 편한 게 더 중요한 것 같아."
아빠가 미소 지으며 가온이 머리를 쓰다듬어 주었어요.

가온이는 문득 수지 엄마가 핸드폰으로 위치를 추적해서 떡볶이도 못 먹고 부랴부랴 가던 수지의 모습이 떠올랐어요. 그때 분명 수지는 행복해 보이지 않았어요. 수지네 집은 부자라서 뭐든지 갖고 싶은 것을 다 가질 수 있는데 말이에요.

"사람들은 누구나 행복하기를 바라. 그래서 사람들은 각자의 방법대로 행복을 찾지. 어떤 사람들은 돈이 많으면 행복하겠다고 생각하고, 어떤 사람들은 돈이 없어도 가족끼리 화목하게 사는 걸 우선으로 두고. 엄마 아빠도 그렇게 생각이 달랐지."

가온이는 아빠를 빤히 쳐다보았어요.

"지금 다시 생각해 보니까 아빠가 너무 급하게 가려고 했던 것 같아. 짧은 시간 안에 돈을 벌고 싶었거든. 누가 그러더라. **행복은 기쁜 순간을 쌓아 가는 거라고. 또 연습하는 거라고.**"

가온이는 아빠의 말이 알쏭달쏭했어요.

"참, 난 아까 아빠가 약속 시간에 딱 맞춰 왔을 때 너무 좋았어."

"그랬어? 아빠가 앞으로 우리 가온이하고 약속을 할 때는 시간에 딱딱 맞춰 가야

겠네."

"응, 옛날에는 아빠가 약속을 잘 안 지켜서 많이 실망했거든."

그 말에 아빠는 빙긋이 웃어 보였어요.

"아빠가 그네 밀어 줄까?"

"응, 아빠!"

아빠가 그네를 뒤에서 밀어 주었어요.

"어이쿠, 우리 가온이 많이 컸네. 이제 제법 무겁네."

아빠의 말에 가온이가 대꾸했어요.

"언니는 나보다 더 무거울걸!"

아빠가 하하하 웃으며 말했어요.

"그래, 이제 아빠가 힘이 더 세져야겠다."

아빠가 그네를 또 밀려는 순간 어디선가 놀이터 울타리 너머로 한 아줌마의 목소리가 날카롭게 들려왔어요. 아빠는 그네를 잠시 멈추었어요.

"뭐라고? 너 정말 이럴래?"

"아, 진짜 가기 싫다고. 나도 좀 놀면 안 돼?"

수지의 목소리였어요.

"어, 수지……."

그때 수지 엄마가 수지의 손목을 잡아끌고 차에 태우려고 했어요.

"지금부터 열심히 해야 좋은 대학 간다고 몇 번을 말하니!"

수지 엄마가 목소리를 차분하게 가라앉히며 다독이듯 말했어요.

"나 대학 가려면 멀었잖아."

수지가 소리를 질렀어요.

"나는 그냥 내가 좋아하는 거 하고 살 거야."

그러자 수지 엄마의 목소리도 높아졌어요.

"좋아하는 거 하고 사는 게 쉬운 줄 알아? 공부해서 실력을 쌓아야 좋아하는 일을 할 수 있다고! 어서 타!"

수지는 마지못한 듯 차에 올랐어요.

아빠와 가온이는 수지의 모습을 보며 서로 얼굴을 쳐다보았어요. 아빠가 가온이의 그네를 힘껏 밀어 올렸어요.

바로 그때였어요, 주머니에서 핸드폰이 툭 떨어졌어요.

"어, 내 핸드폰."

그네를 멈추고 아빠가 가온이의 핸드폰을 주워 주었어요.

"아, 핸드폰을 꺼 두고 깜박했네."

핸드폰을 켜자 문자 알림이 우수수 떴어요. 부재중 전화도 여러 통이었어요. 문자를 살피던 가온이가 소리쳤어요.

"아빠, 큰일났어. 엄마가 다쳤대."

아빠가 재빨리 가온이 핸드폰을 빼앗아 문자를 확인하고는 영온이에게 전화를 걸었어요.

"야, 한가온! 너 어디야?"

"영온아, 아빠다. 무슨 일이야? 엄마가 어디를 어떻게 다쳤어?"

"아빠, 엄마가 가온이 찾

으러 나가다가 계단에서 넘어져서 다쳤어. 아빠도 전화 안 받고…….”

영온이가 울먹이며 말했어요. 아빠는 핸드폰을 확인했어요.

"그래, 지금 어디니?"

"지금은 집이야!"

아빠와 가온이는 전화를 끊자마자 언덕길을 허겁지겁 뛰어 올라갔어요. 문을 열자 엄마는 다리에 붕대를 감은 채 식탁 의자에 앉아 있었어요.

"여보, 괜찮아?"

엄마는 아빠와 가온이가 함께 들어오는 것을 보고 당황해했어요.

"발목에 금이 가서 깁스하고 왔어."

엄마는 이내 아무렇지도 않은 얼굴로 말을 이었어요. 아빠는 쭈뼛거리며 엄마를 걱정했어요.

"뼈에 금이 간 거, 그거 많이 아플 텐데…….”

"한 달 동안 깁스를 해야 한다고 했어."

영온이가 아빠에게 말했어요.

"그럼 이제 우리 어떻게 해?"

가온이가 아빠를 슬쩍 쳐다보았어요. 가온이 마음속에는 아

빠가 집에 있었으면 하는 바람이 있었어요.

"걱정하지 마. 깁스해도 집안일은 할 수 있어."

엄마가 차분하게 말했어요. 가온이는 엄마가 아빠에게 어서 가라고 할까 봐 조마조마했어요.

"그래도……, 당신 깁스 풀 때까지 내가 들러서 아이들 밥이라도 해 줄게."

아빠의 말에 가온이는 마음이 확 풀어졌어요. 그리고 엄마 눈치

를 보았어요.

"아빠, 내가 이거 만들었어. 먹어 봐."

영온이가 얼른 샌드위치를 접시에 담아 내왔어요.

"이걸 네가 만들었다고?"

아빠는 기쁜 얼굴로 식탁 앞에 앉았어요.

"가온이 주려고 만들었는데, 얘가 연락이 안 되어서 말이야."

영온이는 오늘은 정말 가온이가 얄밉다는 생각이 들어 아빠에게

이르듯이 말했어요. 그리고 가온이 팔을 툭 쳤어요.

"아얏!"

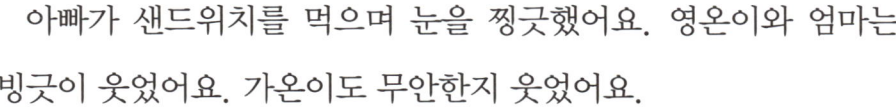

가온이가 큰 소리를 질렀어요.

"가온이 너, 엄살이 너무 심하다."

아빠가 샌드위치를 먹으며 눈을 찡긋했어요. 영온이와 엄마는 빙긋이 웃었어요. 가온이도 무안한지 웃었어요.

그날 이후 아빠는 약속한 대로 간간이 집에 들러 엄마 대신 영온이와 가온이 밥도 차려 주고 빨래도 해 주었어요. 영온이는 설거지를 했어요. 가온이도 가만히 있을 수 없었어요. 빨래를 걷거나 걸레질도 했어요. 힘들었지만 기분은 왠지 더 좋았어요.

하루는 아빠가 저녁밥을 먹고 대뜸 말했어요.

"엄마 깁스 푸는 날 기념으로 캠핑 갈까, 우리?"

"와, 정말?"

가온이와 영온이가 동시에 소리를 질렀어요.

"그래. 우리 옛날에 자주 갔지? 우리 딸들이 엄마 돕느라 애썼으니, 캠핑 가서 아빠가 맛있는 거 해 줄게."

그 뒤로 가온이와 영온이는 엄마가 깁스 푸는 날만 기다렸어요.

"엄마, 엄마! 저것 봐! 텔레비전에 만나 분식이 나와."

가온이가 부엌에 있는 엄마를 불렀어요. 자신이 사는 동네가 텔레비전에 나오는 게 너무 신기했어요. 엄마가 부엌에서 텔레비전이 있는 거실로 왔어요.

"언니, 나와 봐! 만나 분식이 뉴스에 나온다고!"

가온이가 숙제를 하고 있는 영온이를 큰 소리로 불렀어요. 영온이도 재빠르게 텔레비전 앞으로 나왔어요.

"아, 오늘 뉴스에 나온다더니, 진짜네."

엄마는 앞치마를 두른 채 서서 뉴스를 보았어요.

"이곳은 서울의 한 여자 중학교 앞인데요. 이곳에서만 40년째 떡볶이 가게를 하고 있는 홍순복 어르신을 만나 보겠습니다."

카메라가 만나 분식 안을 비추고, 머리에 하얀 위생모를 쓴 할머니가 열심히 떡볶이를 젓는 모습을 비추었어요.

"홍순복 어르신, 대박 난 떡볶이의 비법이 무엇입니까?"

할머니는 씨익 웃으며 장난스레 말했어요.

"비법을 내가 왜 가르쳐 줘. 며느리도 안 가르쳐 줘."

그러자 취재 기자도 깔깔거리고 웃었어요. 텔레비전을 보는 영온이와 가온이도 깔깔 웃었어요.

"할머니, 역시! 짓궂은 개구쟁이 같으셔."

엄마는 그런 말을 하고는 가스레인지에 올려놓은 냄비의 불을 낮추러 부엌으로 갔어요.

"홍순복 어르신께서는 이 작은 떡볶이 가게에서 난 수익을 십수 년째 형편이 어려운 학생들을 위해 장학금으로 기부한다고 들었습니다. 올해도 이곳 여자 중학교에 2천만 원이라는 큰돈을 장학금으로 내놓으셨다고 하는데, 왜 그 일을 하게 되었는지요?"

"왜는 왜? 나 어릴 때처럼 가정 형편이 어려워서 공부 못 하는 학생들이 있으면 안 되니까 하게 된 거지 뭐."

할머니는 아무렇지 않은 듯 말했어요.

"엄마! 만나 분식 할머니가 가난한 학생들에게 장학금을 준대."

영온이가 엄마를 부르며 큰 소리로 말했어요.

텔레비전에서는 할머니의 목소리가 계속 흘러나왔어요.

"장학금을 주고부터 내가 행복해졌어. 아, 나도 세상에 쓸모 있는 사람이구나, 그런 생각을 하니 말이야."

만나 분식 소개가 끝나고 화면이 다른 사람을 비추었어요.

"할머니가 가난한 줄 알았는데, 부자인가 봐!"

가온이가 말했어요.

"할머니는 아직도 전세방에서 생활하셔. 그런데도 남을 위해서 장학금을 내놓는 거야."

엄마가 끼어들어 말했어요.

"왜 부자도 아닌데 남을 돕는 거야? 그 돈이면 힘들게 일하지 않아도 되잖아."

가온이가 고개를 갸웃거렸어요.

"세상에는 아무리 돈이 많아도 남을 돕지 못하는 사람이 있고, 또 가난해도 남을 돕는 사람이 있어. 어떻게 사는 게 더 좋은 건지는 엄마도 몰라. 다만 모든 사람은 행복을 추구하면서 살아. 할머니도 장학금을 내놓으면서 더 행복해진 것 같아."

엄마는 밥을 차리면서 조곤조곤 이야기했어요.

─가온아, 텔레비전 봤어? 만나 분식 할머니 나왔어.

수지가 손을 흔드는 이모티콘과 함께 문자를 보내 왔어요.

─응

─그 할머니 엄청 부자야?

─아니. 그렇지는 않대.

─진짜? 어떻게 알았어?

─우리 엄마가 만나 분식에서 아르바이트를 하잖아.

─할머니 멋있다. 그런데 넌 좋겠다.

─뭐가?

─엄마가 만나 분식에서 아르바이트를 하면 떡볶이를 맘껏 먹을 수 있잖아. 우리 가면 서비스 달라고 하자.

수지 말에 가온이는 머리 위로 손을 올리고 오케이 글자가 뜬

이모티콘을 보냈어요.

　-우리 내일 만나 분식에 가자.

　-엥? 엄마에게 또 위치 추적당하면 어쩌려고?

-나도 몰라. 들키면 들키라지ㅋㅋㅋ

한 달이라는 시간은 생각보다 길지 않았어요. 엄마는 깁스를 풀었어요. 아직 다리가 살짝 불편하지만 움직이는 데는 문제 없다고 했어요. 그리고 어느새 주말이 돌아왔어요.

"가온아, 영온아. 준비 다 됐니?"

엄마가 약간 들뜬 목소리로 재촉했어요.

"엄마, 가온이가 인형이란 인형은 다 가지고 가겠대."

영온이가 엄마에게 이르듯이 말했어요.

"어휴, 1박 2일 캠핑 가는데 뭘 그렇게 다 가져가니?"

엄마가 기다리다 못해 방으로 들어왔어요.

"아니, 엄마. 얘를 가지고 가려니까 얘가 서운해할 거 같고, 또 얘를 가지고 가려니까 얘가 서운할 것 같잖아."

가온이가 인형을 들고 번갈아 보이며 말했어요.

"그럼 둘 다 놔두고 가. 인형들끼리 이 집에 남아서 신나게 놀게. 인형들도 저희들끼리 있으면 너무나 좋아할걸. 아마도!"

엄마의 말에 가온이가 활짝 웃었어요.

"한가온! 네가 짜증 내지 않고 화내지도 않는 걸 보니 엄청 좋다!"

"나는 언니가 살만 좀 빼면 엄청 좋을 것 같아!"

가온이는 그러면서 혀를 쏙 내밀었어요.

"참 내. 난 괜찮거든! 건강한 내 몸을 사랑하거든!"

가온이가 어이없다는 표정으로 영온이를 쳐다보았어요.

"그건 맞는 말이야. 건강한 게 최고지."

엄마가 영온이 편을 들었어요. 가온이는 입을 삐죽거렸어요.

짜증만 내고 투덜거리기만 하던 가온이가 말을 건네고 농담을 하는 것만으로도 영온이는 기뻤어요.

"얘들아, 이제 그만하고 어서 나갈 준비해!"

엄마가 짐을 싸며 재촉했어요.

아빠가 운전하는 차는 한참을 달려 강원도에 도착했어요. 강가에 예약해 놓은 캠핑장에 차가 멈춰 섰어요. 산에는 울긋불긋 단풍이 아름답게 물들어 있었어요.

"저 물 속 좀 봐! 단풍이 풍덩 빠져 있어."

엄마가 감탄하며 손으로 강물을 가리켰어요.

영온이가 아이돌 가수의 노래를 흥얼거리기 시작했어요.

"가을 아침 내겐 정말 커다란 기쁨이야.

 가을 아침 내겐 정말 커다란 행복이야.

 응석만 부렸던 내겐~"

엄마도 영온이를 따라 노래를 흥얼거렸어요.
　캠핑장에 도착하자마자 다같이 텐트를 쳤어요. 아빠는 물빠짐은 잘 되는 곳인지, 텐트를 고정해 줄 스트링은 팽팽하게 잘 매여졌는지 꼼꼼하게 살펴보았어요. 텐트 앞에 타프도 치고 테이블과 의자까지 다 챙긴 뒤 아빠는 고기를 굽느라 분주했어요. 엄마는 채소를 씻고 밥을 짓느라 바빴고요. 그 사이에 영온이와 가온이는 강가로 나가 납작한 돌멩이를 주워 물수제비뜨기를 했어요.
　"얘들아, 고기 다 익었다."
　아빠가 큰 소리로 아이들을 불렀어요.

영온이와 가온이는 우르르 달려갔어요.

　허겁지겁 고기를 다 먹은 뒤, 가온이네는 모닥불가에 둘러앉았어요.

　"우리 다같이 캠핑 온 거 얼마 만이지? 참 좋네."

　아빠가 환하게 웃으며 말했어요.

　"나도 그래. 돈 좀 없으면 어때? 이렇게 웃고 살면 되지."

　엄마가 활활 타오르는 모닥불을 바라보며 말했어요. 아빠도 조

용히 고개를 끄덕였어요.
"엄마, 나는 지금 이대로가 너무 좋아. 엄마 아빠가 우릴 사랑해 주잖아."
영온이가 엄마에게 다가가 끌어안으며 말했어요.
"나도!"
가온이가 두 팔을 벌려 엄마 품에 안기며 말했어요.

인문철학 왕 되기 ①②③ ❹

만일 나라면?

아리스토텔레스는 우리가 행복하려면 잘 생각하면서 살아가는 것도 중요한데, 좋은 성격을 갖는 것도 중요하다고 말했단다.

교장 선생님도 학생이라면 공부도 열심히 해야겠지만, 인성도 좋아야 한다고 늘 말씀하세요.

똑똑한 사람이 성격까지 좋다면, 이 세상은 정말 좋은 세상이 될 거야.

자기 할 일을 잘하는 사람은 참 보기 좋지. 그런데 그 사람이 성격까지 좋다면, 이 세상은 정말 행복으로 가득 차겠지?

그런데 어른들은 그런 사람이 많지 않다고 걱정이라고 하세요.

지난주 나의 생활을 떠올려 보고, 어떻게 살아가는 것이 행복할지 생각해 보자.

 지난주에 내가 했던 일 중에서 나를 기쁘게 했던 것은 무엇이었나요?

....
....

 지난주에 내가 했던 일 중에서 내가 실수하거나 잘못했던 일이 있었나요?

....
....

 앞으로 같은 실수나 잘못을 반복하지 않기 위해서 어떤 노력을 해야 할까요?

....
....

 창의활동

'나'는 어떤 표정을 짓고 있을까?

아래 아이들의 다양한 표정을 살펴보세요. '나'는 어떤 표정을 짓고 있을까요? 내 마음이나 표정과 비슷한 아이를 골라 보세요.

내 마음과 표정을 그려 보세요!

200만 부 판매 돌파!

AI 시대 미래 토론왕

✅ 뭉치북스가 만든 국내 최초 토론책! ✅ 초등 국어
✅ 한국디베이트협회와 교

01 함께 사는 로봇
02 원시인도 모르는 공룡
03 더 멀리 더 높이 더 빨리 스포츠 과학
04 까만 우주 속 작은 별
05 노벨도 깜짝 놀란 노벨상
06 지켜라! 멸종 위기의 동식물
07 도로시의 과학 수사대
08 살아 있는 백두산
09 콜록콜록! 오늘의 황사 뉴스
10 앗! 이런 발명가, 와! 저런 발명품
11 아낄수록 밝아지는 에너지
12 과학 Cook! 문화 Cook! 음식의 세계
13 과학을 훔친 수상한 영화관
14 끝없이 진화하는 무서운 전염병
15 지구 온난화와 탄소배출권
16 먹을까? 말까? 먹거리 X파일
17 우리 몸을 흐르는 피와 혈액형
18 진짜? 가짜? 가상현실과 증강현실
19 두근두근 신비한 우리 몸속 탐험
20 우리를 위협하는 자연재해
21 봄? 가을? 경계가 모호해지는 사계절
22 세균과 바이러스 꼼짝 마! 약과 백신
23 생태계의 파괴자? 외래 동식물
24 콸콸콸~ STOP!!! 우리나라도 위험해요, 소중한 물
25 오늘도 나쁨! 작아서 더 무서운 미세먼지
26 식량 위기에서 인류를 구할 미래 식량
27 썩지 않는 플라스틱! 지구와 인간을 병들게 하는 환경 호르몬
28 나와 똑같은 또 다른 나, 인간 복제
29 미래의 디지털 첨단 의료
30 땅속 보물을 찾아라! 지하자원과 희토류
31 농사일부터 우주 탐사까지, 미래는 드론 시대
32 알쏭달쏭 미지의 세계, 뇌
33 얼마나 작아질까? 어디까지 발달할까? 나노 기술과 첨단 세계
34 찾아라! 생명체가 살 수 있는 또 다른 별, 제2의 지구
35 배울수록 더 강해지는 인공 지능
36 창조론이냐? 진화론이냐? 다윈이 들려주는 진짜진짜 진화론
37 모두모두 소중한 생명! 멈춰요 동물 실험
38 유해할까? 유용할까? 생활 속 화학 물질
39 46억 년의 비밀, 생명을 살리는 지구
40 과학자가 가져야 할 덕목, 과학자 윤리와 책임

ㅣ 공부다!

인재를 위한
과서

이제 토론이 공부다!

과학토론왕

과학토론왕 40권 + 독후활동지 40권

전 80종 / 정가 580,000원

이제 토론이 공부다!

사회토론왕

사회토론왕 40권 + 독후활동지 40권

전 80종 / 정가 580,000원

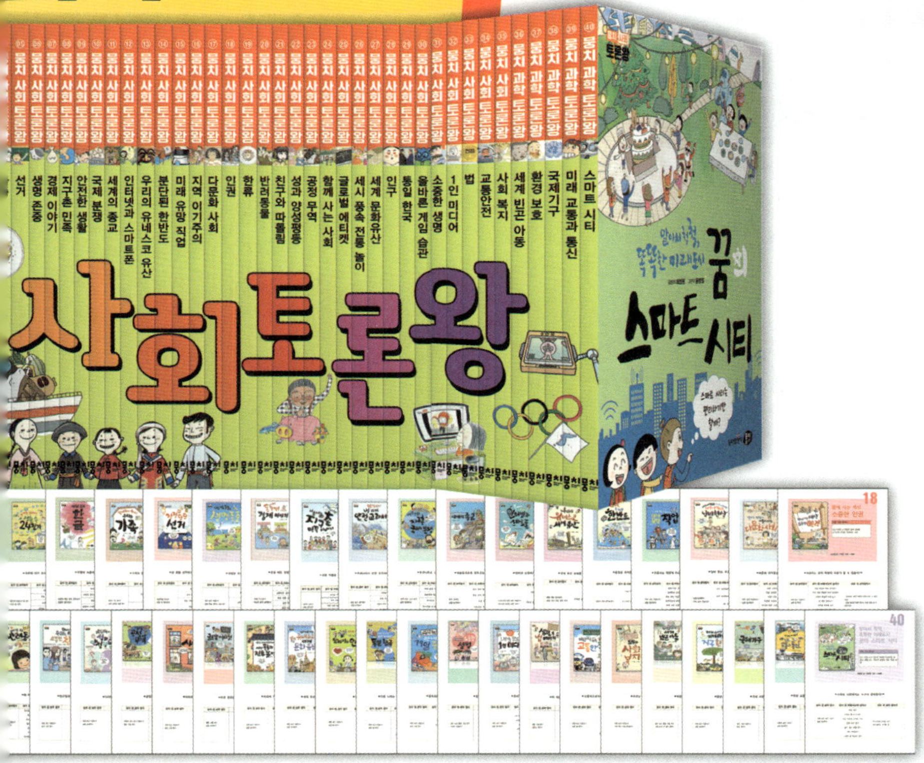

한우리 추천도서

경향신문 추천도서

경기도 초등토론 교육연구회 추천

경기도 지부 독서 골든벨 선정도서

환경정의 어린이 환경책 권장도서

한국 아동문학인협회 우수도서

학교도서관 사서협의회 추천도서

ㅓ 선정 도서! ✓활용 만점 독후 활동지 각 권 제공!
ᄅ문가들이 강력 추천한 책!

01 우리 땅 독도
02 생활 속 24절기
03 세계를 담은 한글
04 정정당당 선거
05 우리의 유네스코 세계 유산
06 좋아? 나빠? 인터넷과 스마트폰
07 함께라서 좋아! 우리는 가족
08 한민족, 두 나라 여기는 한반도
09 너도 나도 똑같이 생명 존중
10 돈 나와라 뚝딱! 경제 이야기
11 시끌시끌 지구촌 민족 이야기
12 앗! 조심해! 나를 지키는 안전 교과서
13 바람 잘 날 없는 지구촌 국제 분쟁
14 믿음과 분쟁의 역사 세계의 종교
15 인공 지능으로 알아보는 미래 유망 직업
16 지역 이기주의 님비 현상
17 더불어 사는 다문화 사회
18 함께 사는 세상 소중한 인권
19 세계를 사로잡은 문화 콘텐츠 한류
20 변치 않는 친구 반려동물
21 왕따는 안 돼! 우리는 소중한 친구
22 여자? 남자? 같은 것과 다른 것! 성과 양성평등
23 모두가 행복한 착한 초콜릿, 아름다운 공정 무역
24 우리는 이웃사촌! 함께 사는 사회
25 틀린 게 아니라 다른 거라고? 글로벌 에티켓
26 신통방통 지혜가 담긴 우리의 세시 풍속과 전통 놀이
27 출발, 시간 여행! 유네스코 세계 문화유산
28 아이는 줄고! 노인은 늘고! 달라지는 인구
29 우리는 하나! 세계로! 미래로! 통일 한국
30 레벨업? 셧다운? 슬기로운 게임 생활, 벗어나요 게임 중독
31 살아 있어 행복해! 곁에 있어 고마워! 소중한 생명
32 나도 크리에이터! 시끌벅적 1인 미디어 세상
33 뚜아뚜아별의 법을 부활시켜라! 생활 속 법 이야기
34 하늘 · 땅 · 바다 어디서나 조심조심! 어린이를 위한 교통안전
35 함께 만들어요! 함께 누려요! 모두의 사회 복지
36 위아더월드, 도움의 손길이 필요해요, 세계 빈곤 아동
37 환경 덕후 오총사가 간다, 지켜라! 지구 환경
38 전쟁 NO! 평화 YES! 세계를 이끄는 힘, 국제기구
39 더 멀리, 더 빠르게! 미래 교통과 통신
40 알아서 척척, 똑똑한 미래 도시, 꿈의 스마트 시티

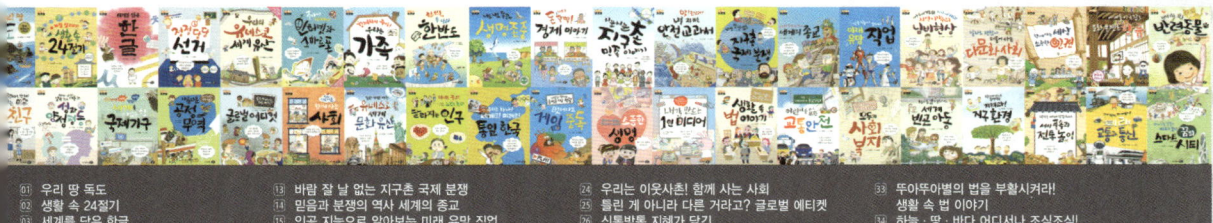

경기도 사서협의회 추천도서 한국교육문화원 추천도서 아침독서 추천도서

100만 부 판매 돌파!

수학이 쉬워지고, 명작보다 재미있는
뭉치수학왕

+

"인공지능(AI) 시대의 힘은 수학에서 나온다!"

개념 수학

〈수와 연산〉
1. 양치기 소년은 연산을 못했대
2. 견우와 직녀가 분수 때문에 싸웠대
3. 가우스, 동화 나라의 사라진 0을 찾아라
4. 가우스는 소수 대결로 마녀들을 물리쳤어
5. 앨런, 분수와 소수로 악당 히들러를 쫓아내라
6. 약수와 배수로 유령 선장을 이긴 15소년

〈도형〉
7. 헨젤과 그레텔은 도형이 너무 어려워
8. 오일러와 피노키오는 도형 춤 대회 1등을 했어
9. 오일러, 오즈의 입체도형 마법사를 찾아라
10. 유클리드, 플라톤의 진리를 찾아 도형 왕국을 구하라
11. 입체도형으로 수학왕이 된 앨리스

〈측정〉
12. 쉿! 신데렐라는 시계를 못 봐도

13. 알쏭달쏭 알라딘은 단위가 헷갈려
14. 아르키는 어림하기로 걸리버 아저씨를 구했어
15. 원주율로 떠나는 오디세우스의 수학 모험

〈규칙성〉
16. 떡장수 할머니와 호랑이는 구구단을 몰라
17. 페르마, 수리수리 규칙을 찾아라
18. 피보나치, 수를 배열해 비밀의 방을 탈출하라
19. 비례배분으로 보물섬을 발견한 해적 실버

〈자료와 가능성〉
20. 아기 염소는 경우의 수로 늑대를 이겼어
21. 파스칼은 통계 정리로 나쁜 왕을 혼내 줬어
22. 로미오와 줄리엣이 첫눈에 반할 확률은?

〈문장제〉
23. 개념 수학-백점 맞는 수학 문장제①
24. 개념 수학-백점 맞는 수학 문장제②
25. 개념 수학-백점 맞는 수학 문장제③

융합 수학
26. 쌍둥이 건물 속 대칭축을 찾아라(건축)
27. 열차와 배에서 배수와 약수를 찾아라(교통)
28. 스포츠 속 황금 각도를 찾아라(스포츠)
29. 옷과 음식에도 단위의 비밀이 있다고?(음식과 패션)
30. 꽃잎의 개수에 담긴 수열의 비밀(자연)

창의 사고 수학
31. 퍼즐탐정 셜록홈즈①-외계인 스콜피오스의 음모
32. 퍼즐탐정 셜록홈즈②-315일간의 우주여행
33. 퍼즐탐정 셜록홈즈③-뒤죽박죽 백설 공주 구출 작전
34. 퍼즐탐정 셜록홈즈④-'지지리 마란드러' 방학 숙제 대작전
35. 퍼즐탐정 셜록홈즈⑤-수학자 '더하길 모텔'와 한판 승부
36. 퍼즐탐정 셜록홈즈⑥-설국언차 기관사 '어려도 달리능기라'
37. 퍼즐탐정 셜록홈즈⑦-해설 및 정답

수학 개념 사전
38. 수학 개념 사전①-수와 연산
39. 수학 개념 사전②-도형
40. 수학 개념 사전③-측정·규칙성·자료와 가능성

독후 활동지

본책 40권+독후 활동지 7권
정가 580,000원